EssenZ

W0034617

aus der Backstube

kuhmilch- und weizenfrei
nach den 5 Elementen

Ulrike Zalokar

s Buch kann über den Buchhandel oder direkt bei der Heilpraktikerschule bezogen werden:

praktikerschule HPS GmbH | Gesegnetmattstr. 14 | CH-6006 Luzern
+41 (0)41 418 20 10 | info@heilpraktikerschule.ch | www.heilpraktikerschule.ch

N: **978-3-033-01004-8** | 1. Auflage November 2006 | © 2006 Heilpraktikerschule HPS Luzern GmbH

Danksagung

Ein grosses Dankeschön für die breite Unterstützung nicht nur in technischen Bereichen, für die mir mein Partner Peter von Blarer stets zur Seite stand. Für den Einsatz beim Fotografieren und Dokumentieren der Rezepte, den mir meine Nichte Heike Sehmsdorf in diesem Sommer geboten hat. Nur durch diese gemeinsamen Kräfte konnte ich dieses Buch in so kurzer Zeit realisieren und verwirklichen.

Wichtig für das Gelingen dieses Buches waren auch die Rückmeldungen der unzähligen GeniesserInnen meiner Süssigkeiten von meinen StudentInnen und PatientInnen bis hin zum Büroteam der Heilpraktikerschule Luzern.

Inhaltsverzeichnis

Vorwort   1

Kekse

Anisbögerl   5
Anisstangerl   6
Aprikosenmakronen   7
Butterbrote   8
Fruchtschnitten   10
Gefüllter Lebkuchen   12
Haferflockenbusserl   14
Hausfreunde   16
Kokosbusserl   18
Lebzelten   19
Lebzelten mit Schokoladenglasur   21
Mandelbusserl   23
Nuss-Stangerl   24
Nusstaler   25
Pignolikipferl   26
Rumkugeln   27
Rumschnitten   28
Sauerkirsche / Weichsel im Schokokleid   30
Trüff   31

Kuchen

Aprikosenkuchen   32
Aprikosenwähe   33
Birnenkuchen   34
Dattel-Pistazien Kuchen   35
Haselnuss-Blitzkuchen   36
Kokosnusskuchen   38
Nusskuchen   39
Roter Johannisbeer-kuchen   40
Zwetschgen-Streusselkuchen   41

Torten

Buchweizentorte 42
Kirschtorte 44
Linzertorte 45
Marronitorte 47
Mohntorte 49
Nougattorte 50
Schnelle Nusstorte 52

Cremen

Aprikosencreme mit Seidentofu 54
Birne im Schlafrock 55
Birne mit Haselnusstofu-Creme 56
Brombeercreme mit Seidentofu 57
Erdbeercreme mit Seidentofu 58
Haselnusstofu-Creme 59
Heidelbeercreme mit Seidentofu 60
Himbeercreme mit Seidentofu 61
Schokoladetofu-Creme 62
Vanilletofu-Creme 63
Zabaione / Weinschaumcreme 64

Süssspeisen

Ananas-Reis 65
Apfelstrudel 66
Bratapfel 68
Buchweizenomeletten 69
Cappuccino mit Sojamilch 70
Frische Erdbeeren mit Vollrohrzucker und Vanille 71
Fruchtmark mit Agar-Agar / Konfitüre 72
Holunder-Strauben 73
Kaiserschmarrn 75
Kletzenbrot 76
Orangen-Feigen-Dessert 78
Salzburger Nockerl 79
Ziegenfrischkäse mit Honig überbacken 80
Zwetschgenknödel 81
Zwetschgenröster 83

Rezepte nach Wirkungen

85

Essenz aus der Backstube

Ich liebe es, Familie und Freunde mit Süssem zu verwöhnen. Gerade zu Weihnachten bereitet Süsses besondere Freuden: Schon in der Küche duftet es fein, und aus dem Ofen zaubern sich die Leckereien hervor.

Ein schlechtes Gewissen wegen all diesen Süssigkeiten? Nein, gar nicht. Im Folgenden erfahren Sie warum. Mit voller Überzeugung empfehle ich diese Rezepte, die ich für Sie zusammengestellt habe. Geniessen Sie mit Mass. Aber geniessen Sie.

Etwas Traditionelle Chinesische Medizin (TCM)

Viele Leute kämpfen mit ihrem Gewicht, und viele Leute vertragen keine Produkte aus Milch und Weizen. Oft werden diese Unverträglichkeiten sogar als Allergie diagnostiziert. Und gerade zu Weihnachten haben wir ein fein schmeckendes Überangebot an Weizen- und Milchprodukten.
In meinem Praxisalltag und als Dozentin der Chinesischen Medizin werde ich tagtäglich mit diesen Problemen konfrontiert. Denn unsere westlichen Ess- und Lebensgewohnheiten fördern eine sehr unausgewogene – um nicht zu sagen gefährliche – Kost.
Was ist nun das Problem mit Milch und Weizen? In der Theorie der TCM fördert sowohl Milch als auch Weizen den so genannten pathogenen Schleim: Produkte aus Milch oder Weizen können die Kraft der Verdauungsenergie vermindern, indem sie die Milz-Pankreas-Energie verwässern und verschleimen.
Im Körper macht sich der «chinesische» Schleim sichtbar oder unsichtbar bemerkt. So ist sichtbarer Schleim vielen sehr bekannt: Schleim in Lunge, Nase, in Kiefer- und Stirnhöhlen. Das kann bis hin zu Mittelohrentzündungen führen. Sobald sich Schleim verfestigt, kann er sich als Übergewicht oder sogar als gut- oder bösartiges Gewächs manifestieren. Der unsichtbare Schleim lagert sich in der Tiefe ab. Gemäss TCM kann er Erkrankungen wie Arteriosklerose, Arthrose, unfreies Denken und vieles mehr verursachen.
Nun, die Rezepte in diesem Büchlein kommen ganz ohne Weizen und ohne Milch aus. Selbst wenn Sie nichts über TCM wissen, bereiten Sie mit diesen Rezepten sehr bekömmliche Leckereien zu.
Besonders als Weizen- und Milch-Allergiker erhalten Sie mit diesem Kochbuch unzählige Ideen, die Sie völlig unbedenklich und voller Lust umsetzen und geniessen können. Ausserdem: Alle Rezepte basieren auf vollwertigen Lebensmitteln, und so wirken die Leckereien aufbauend und kräftigend.

Kleines energetisches Glossar

Neben den Rezepten stehen Hinweise auf ihre energetischen TCM-Aspekte:
◆ **Yin tonisieren** Baut Körpersäfte auf und hilft, innere Ruhe und Harmonie zu erlangen.
◆ **Qi tonisieren** Sie gewinnen Energie und Kraft.
◆ **Blut tonisieren** Unterstützt den Aufbau von Blut.

- ◆ **Nässe ausleiten** Lässt «chinesische» pathogene Nässe, sowie Schleim aus dem Körper ausscheiden.
- ◆ **Darm befeuchten** Wenn der Darm durch zu trockenen Stuhl verstopft ist, hilft die Befeuchtung, den Stuhlgang zu fördern.
- ◆ **Qi bewegen** Löst Stagnation und fördert den freien Fluss der Energie.
- ◆ **Mitte wärmen** Unterstützt die Verdauungsenergie und damit den Verdauungsprozess generell.

Essenz – Jing

Essenz, chinesisch Jing (gespr. «Tsching»), ist die Substanz, die nach der Sichtweise der TCM allem Leben zugrunde liegt. Ohne Jing gibt es kein Leben – es ist für Wachstum, Fortpflanzung und Entwicklung zuständig. Es regeneriert und repariert. Jing ist die Grundlage unserer Gesundheit.

Die zwei Quellen des Jing

Von den Eltern vererbt wird uns das vorgeburtliche Jing. Es bestimmt die grundlegende Konstitution eines Menschen, seine Stärke und Vitalität. Jede Person hat ihr je eigenes und unverwechselbares vorgeburtliches Jing. Dieses vorgeburtliche Jing können wir nicht beeinflussen.

Beeinflussen können wir jedoch das nachgeburtliche Jing. Jeden Tag stärken wir es mit der Nahrung, die wir zu uns nehmen. Deshalb ist für unser Wohlbefinden und für unsere Gesundheit die Frage, wie wir uns ernähren, überaus wichtig: Ob in der Kantine, im Schnellimbiss, im Restaurant oder in der eigenen Küche. Denn es ist das nachgeburtliche Jing, das uns kontinuierlich Lebenskraft gibt. Und die Stärke dieses nachgeburtlichen Jing beruht auf der Art und Weise und der Qualität der Lebensmittel, die wir zu uns nehmen.

Diese Erklärungen wollen Ihnen die Terminologie der TCM ein klein wenig näher bringen; es handelt sich jedoch um sehr vereinfachte Darstellungen. Für genauere Angaben und weitere Informationen verweisen wir auf weiterführende Fachliteratur. Eine aktuelle Liste der Fachliteratur finden Sie in unserem Ausbildungsprogramm, downloadbar unter www.heilpraktikerschule.ch

TCM-Fachkundige sind in der Lage, die Rezepte nach TCM-Energiemustern auszuwählen. Sind Sie nicht TCM-kundig und an Ihrem TCM-Energiemuster interessiert, wenden Sie sich bitte an eine in TCM ausgebildete Heilpraktikerin, oder auch an die Klinik der Heilpraktikerschule Luzern, Gesegnetmattstrasse 14, CH-6006 Luzern, Tel. +41 (0)41 418 20 10, Email info@heilpraktikerschule.ch

Praktische Hinweise

Die Angaben in den Rezepten sind für 4 Personen berechnet.
Wichtig ist ein gutes mildes Olivenöl, wie z.B. das von Nicola di Capua, unter www.ledelizie.ch zu bestellen oder z.B. im Grabemärt, Luzern zu kaufen. Es hat sich immer

wieder gezeigt, dass der zu intensive Geschmack von einigen Olivenölsorten für das Scheitern von erfolgreichen Köstlichkeiten verantwortlich ist.

Nüsse und Mandeln sollen mit einer Nussreibe oder einer Moulinex frisch gemahlen werden. Die unerwünschte Oxidation der Fette wird so bestmöglich verhindert. Ausserdem gewinnt der Geschmack an Intensität und Frische.
Diesen Geschmack verfeinern Sie zusätzlich, indem Sie Bioprodukte verwenden. Das ist sowieso eine gute Idee: Bioprodukte sind von einer wesentlich besseren energetischen Qualität als konventionell gefertigte Produkte.

Weiter empfehle ich, eine Getreidemühle zu verwenden. Die Vitalstoffe und die Keime des Getreides bleiben erhalten, und das Mehl ist ganz frisch. Dieses mit dem Keimling gemahlene Getreide sollten Sie aber nicht lagern, weil die Oxidation der Fette rasch fortschreitet und dadurch den Organismus gefährdet.

Die Vitalstoffe des vollwertigen Getreides und des Vollrohrzuckers bewirken, dass die Kekse und Leckereien in der Farbe bräunlicher und dunkler sind als die herkömmlichen hellen und blassen denaturierten Gebäckstücke. Trotzdem schmecken die EssenZ-Leckereien vorzüglich und sind sehr ausgiebig im Nährwert.

Alle Backzeiten der Rezepte sind auf einen modernen Heissluft-Backofen ausgerichtet. Backöfen ohne Heissluft benötigen meist mehr Zeit.

Ein besonderer Gruss an Sie, liebe Köchin, lieber Koch

Ich wünsche Ihnen gutes Gelingen und ganz viel Freude und Musse. Weihnachten, Geburtstage, Tee- und Kaffeekränzchen, Einladungen und Leckerei-Geschenke bekommen ein neues Gesicht: EssenZ aus Ihrer Kochkunst.

Literaturhinweise

EssenZ aus der Küche: Die Thematik um Milch, Weizen und Schleim veranlasste mich bereits 2004, das Kochbuch EssenZ aus der Küche zu schreiben. Alle diese Rezepte wirken der Verschleimung entgegen. Inhaltsverzeichnis, viele Proberezepte und die Bestellmöglichkeit finden Sie auf www.heilpraktikerschule.ch

Linkhinweis

Eine riesige Auswahl von Nahrungsmitteln, Kochrezepten und Heilkräuter nach TCM-Wirkungen klassifiziert finden Sie unter www.therapeutika.ch

Ulrike Zalokar, Luzern im Dezember 2006

Anisbögerl

Menge	Zutaten	Geschmack	Thermik
2	Eier	süss	neutral
100 g	Vollrohrzucker	süss	neutral
100 g	Dinkel, fein gemahlen	süss	neutral
	Anis	scharf	warm

Zubereitung

1. Backofen auf 170°C vorheizen.

2. Backpapier aufs Blech legen.

3. Eier und Vollrohrzucker kurz miteinander verrühren, dann das Mehl beigeben und erneut kurz umrühren.

4. Dünne, runde Scheiben mit ca. 5 cm Durchmesser aufs Blech streichen und Anis darauf streuen.

5. 5 – 10 Minuten backen, herausnehmen, sofort vom Blech lösen und biegen.

Tipp

Je weniger die Masse gerührt wird, desto glatter und schöner wird das Gebäck.

Anisstangerl

Menge	Zutaten	Geschmack	Thermik
4	Eier	süss	neutral
120 g	Vollrohrzucker	süss	warm
100 g	Dinkel, fein gemahlen	süss	neutral
	Anis	scharf	warm

Zubereitung

1. Backofen auf 200 – 225°C vorheizen.
2. Eigelb und Vollrohrzucker schaumig rühren, Dinkelmehl beimengen.
3. Eiweiss zu steifem Schnee schlagen und vorsichtig unter die Masse heben.
4. 1 – 1,5 cm dick auf ein mit Backpapier belegtes Blech streichen, mit Anis bestreuen und 15 Minuten backen.
5. Herausnehmen und noch warm in daumengrosse Rechtecke schneiden.

Aprikosenmakronen

Menge	Zutaten	Geschmack	Thermik
200 g	Mandeln, fein gerieben	süss	neutral
150 g	Vollrohrzucker	süss	warm
2	Eiweiss	süss	kühl
150 g	Aprikosen, getrocknet	süss	warm
20 g	Mandelstifte	süss	neutral
100 Stk.	Back-Oblaten, Rondellen 40mm Durchmesser	süss	neutral

Zubereitung

1. Eiweiss mit Vollrohrzucker zu steifem Schnee schlagen.

2. Aprikosen in kleine Stückchen schneiden, unter die geriebenen Mandeln mischen und unter den Eischnee heben.

3. Backpapier aufs Blech legen, Back-Oblaten darauf verteilen und mit Hilfe von 2 Kaffeelöffeln kleine Häufchen auf die Back-Oblaten setzen.

4. Bei 170°C ca. 20 Minuten backen, herausnehmen

Tipp

Die Makronen nicht zu Nahe auf das Backblech setzen, da sie noch etwas auseinander fliessen.

Butterbrote

Menge	Zutaten	Geschmack	Thermik
120 g	Kokosfett	süss	neutral
160 g	Dinkel, fein gemahlen	süss	neutral
120 g	Vollrohrzucker	süss	warm
2	Eigelb	süss	neutral
1 TL	Bio-Zitronenschale, ger.	sauer, bitter	kühl
100 g	Haselnüsse, gerieben	süss	neutral
2 EL	Kakao	bitter	warm
1 TL	Zimt	bitter, süss, scharf	warm
Guss			
70 g	Vollrohrzucker	süss	warm
1	Eigelb	süss	neutral
1 TL	ger. Vanille-Stängel (Rapunzel)	süss	neutral

Zubereitung

1. Kokosfett und Mehl mit dem Knethaken verbröseln.
2. Die restlichen Zutaten beigeben und rasch zu einem Teig kneten.
3. Die Masse halbieren und zwei Rollen daraus formen, in Packpapier einwickeln und über Nacht im Kühlschrank kaltstellen.
4. Herausnehmen, in kaltem Zustand in Scheiben schneiden, auf ein mit Backpapier belegtes Blech legen und bei 175°C ca. 15 Minuten backen.
5. Aus dem Ofen nehmen und auskühlen lassen.
6. Für den Guss Vollrohrzucker, Dotter und Vanillepulver vermengen und schaumig rühren.
7. Die ausgekühlten Kekse damit bestreichen und zum Trocknen beiseite stellen.

Tipp

Anstelle von Vollrohrzucker kann beim Guss auch kristallisierter Honig verwendet werden.

Fruchtschnitten

Menge	Zutaten	Geschmack	Thermik
2	Eier	süss	neutral
200 g	Vollrohrzucker	süss	warm
250 g	Haselnüsse, fein gerieben	süss	neutral
100 g	Dinkel, fein gemahlen	süss	warm
125 g	Datteln, fein geschnitten	süss	warm
125 g	Rosinen, fein geschnitten	süss, sauer	warm
1	Bio-Orangenschale, gerieben	süss, bitter	warm
3 Stk.	Back-Oblaten, ca. 12 x 20 cm/A5	süss	neutral

Zubereitung

1. Backofen auf 170°C vorheizen.
2. Die ganzen Eier mit dem Vollrohrzucker schaumig rühren, die restlichen Zutaten beigeben.
3. Datteln und Rosinen klein schneiden und mit den Haselnüssen, dem Dinkelmehl und der Orangenschale vermischen.
4. Backpapier aufs Blech geben, Back-Oblaten darauf legen und die Masse darauf streichen.
5. 20 Minuten hellbraun backen, herausnehmen und zum Auskühlen auf ein Ofengitter geben.
6. In ca. 2 x 2 cm grosse Würfelchen schneiden.

Tipp

Anstelle von Haselnüssen können auch Walnüsse oder Mandeln verwendet werden.
Sowohl der Fruchtanteil als auch die Fruchtarten können variiert werden.

Gefüllter Lebkuchen

Menge	Zutaten	Geschmack	Thermik
600 g	Dinkel, fein gemahlen	süss	neutral
120 g	Vollrohrzucker	süss	warm
4 EL	Honig	süss	warm
3	Eier	süss	neutral
1 Stk.	Zitronenschale, ger.	bitter, süss	warm
1 Stk.	Orangenschale, ger.	bitter, süss	warm
1 TL	Zimt	scharf, süss, bitter	warm
3 TL	Lebkuchengewürz	süss, scharf	warm
Füllung			
150 g	Aprikosenkonfitüre	süss, sauer	warm
80 g	Haselnüsse, grob gehackt	süss	neutral
50 g	Rosinen	süss, sauer	warm
50 g	Zitronat		
50 g	Orangeat	süss, bitter	warm
Glasur			
1	Eiweiss	süss	kühl
140 g	Vollrohrzucker	süss	warm

Zubereitung

1. Die ganzen Eier mit dem Vollrohrzucker und Honig schaumig rühren.

2. Zitronen-/Orangenschale und Zimt mit dem Mehl vermischen, dazu geben und mit einem Knethaken zu einer festen Masse verarbeiten.

3. Die halbe Masse auf ein mit Backpapier belegtes Blech streichen.

4. Für die Füllung alle Zutaten zusammen geben und gut miteinander verrühren.

5. Die Füllung auf der Teigschicht verteilen.

6. Nun die zweite Hälfte der Masse darüber streichen und bei 180°C ca. 35 Minuten backen.

7. Zuletzt das Eiweiss zusammen mit dem Vollrohrzucker schlagen und nach dem Backen auf den Lebkuchen streichen.

Tipp

Anstelle der Mandeln und der Haselnüsse können auch Walnüsse verwendet werden.

Wenn man den Löffel zum Teigaufstreichen des Öfteren mit Wasser benetzt, wird das Aufstreichen erleichtert, und es entsteht eine schön glatte Oberfläche.

Damit der Lebkuchen weich wird, in einer Blechdose mit 2 halbierten Äpfeln 3 – 4 Wochen lagern.

Haferflockenbusserl

Menge	Zutaten	Geschmack	Thermik
200 g	Haferflocken	süss	neutral
20 g	Dinkel, fein gemahlen	süss	neutral
1	Bio-Orange, nur Schale, gerieben	süss, bitter	warm
½ TL	Zimt	scharf, süss, bitter	warm
1 TL	ger. Vanille-Stängel (Rapunzel)	süss	neutral
½ TL	Nelkenpulver	scharf, süss	warm
3	Eigelb	süss	neutral
150 g	Vollrohrzucker	süss	warm
75 ml	Olivenöl	süss	neutral
3	Eiweiss		

Guss			
40 g	Kakaoschokolade, hoch%ige	süss, bitter	warm
1 EL	Honig	süss	warm
10 g	Kokosfett	süss	neutral
evtl.	Back-Oblaten-Rondellen 40mm Durchmesser	süss	neutral

Zubereitung

1. Backofen auf 170°C vorheizen.
2. Haferflocken anrösten, bis sie gut duften, auskühlen lassen.
3. Haferflocken, Dinkelmehl, Orangenschale, Zimt, Vanille, Nelkenpulver mischen.
4. Eigelb und Vollrohrzucker schaumig rühren.
5. Das Haferflockengemisch abwechslungsweise mit dem Olivenöl mit dem Knethaken unter die Ei-Zucker-Masse rühren.
6. Eiweiss zu steifem Schnee schlagen und in zwei Etappen untermischen. Die erste Hälfte noch zur Masse geben, während der Knethaken aktiv ist, die zweite Hälfte von Hand vorsichtig unterheben.
7. Backpapier aufs Blech legen und mit zwei kleinen Löffeln Plätzchen darauf setzen, je nach Belieben mit oder ohne Oblatenboden.
8. Ca. 20 Minuten bei 170°C backen, bis sie knusprig sind.
9. Kakaoschokolade, Kokosfett und Honig miteinander verschmelzen lassen und die ausgekühlten Busserl bis zur Hälfte (vor allem auf der Oberseite) darin eintunken, abtropfen und trocknen lassen.

Tipp

Wenn die Haferflocken-Masse auf Oblaten gesetzt wurde, den Schokoladeguss in die Mitte der Busserl streichen.

Hausfreunde

Menge	Zutaten	Geschmack	Thermik
160 g	Vollrohrzucker	süss	warm
4	Eigelb	süss	neutral
2 EL	Rum	süss, bitter	warm
140 g	Dinkel, fein gemahlen	süss	neutral
100 g	Mandeln	süss	neutral
100 g	Rosinen	süss, sauer	neutral
40 g	Kakaoschokolade, hoch%ige	bitter	neutral

Zubereitung

1. Den Backofen auf 180°C vorheizen.

2. Vollrohrzucker, Eigelb und Rum zu einer schaumigen Masse schlagen.

3. Dinkelmehl, grob gehackte Nüsse, Rosinen und grob geschnittene Kakaoschokolade vermengen und in die schaumige Masse rühren.

4. Eiweiss zu steifem Schnee schlagen und vorsichtig unter die Masse heben.

5. Kuchenbackpapier auf ein Blech geben und die Masse 1,5 cm dick darauf streichen.

6. Ca. 15 Minuten backen.

7. Herausnehmen und noch warm in kleine (3 x 3 cm grosse) Würfel schneiden.

8. Ausgekühlt vom Blech nehmen und in eine Dose geben.

Tipp

Die Hausfreunde schmecken auch gut, wenn keine Schokolade beigegeben wird.

Kokosbusserl

Menge	Zutaten	Geschmack	Thermik
4	Eiweiss	süss	kühl
180 g	Vollrohrzucker	süss	warm
260 g	Kokosraspel	süss	warm
½ Stk.	Zitronenschale ger.	bitter, süss	warm
2 Stk.	Zitronensaft	sauer	kühl

Zubereitung

1. Eiweiss und Vollrohrzucker schaumig schlagen.

2. Kokosraspel, Zitronenschale und Zitronensaft mischen und unter die Eiweiss-Zuckermasse heben.

3. Mit zwei Löffeln kleine Busserl auf ein Blech setzen.

4. Bei 150°C im Ofen backen bis sie leicht braun sind.

Tipp

Das Eigelb eignet sich vorzüglich als Einlage in die Hühnersuppe. Siehe Rezept Hühnersuppe im Kochbuch «EssenZ aus der Küche».

Lebzelten

Menge	Zutaten	Geschmack	Thermik
500 g	Dinkel, fein gemahlen	süss	neutral
300 g	Vollrohrzucker	süss	warm
2 EL	Honig	süss	warm
3	Eier	süss	neutral
1 Stk.	Zitronenschale, ger.	bitter, süss	warm
3 EL	Rum	scharf, süss, bitter	warm
3 TL	Lebkuchengewürz	süss, scharf	warm
85 g	Mandeln, grob gehackt	süss	neutral
85 g	Haselnüsse, grob gehackt	süss	neutral
50 g	Orangeat	süss, bitter	warm

Zubereitung

1. Backofen auf 170°C vorheizen.

2. Die ganzen Eier mit dem Vollrohrzucker und Honig schaumig rühren.

3. Den fein gemahlenen Dinkel unterheben.

4. Nüsse, Orangeat, Zitronenschale, Rum und Lebkuchengewürz dazu geben und mit einem Knethaken zu einer festen Masse verarbeiten.

5. Mehl auf die Arbeitsfläche streuen und den Teig mit einer Dicke von ca. 3 – 5 mm darauf auswallen.

6. Ausstechförmchen ins Mehl tunken, damit der Teig nicht an dessen Rand haften bleibt, beliebige Formen ausstechen und auf ein mit Backpapier ausgekleidetes Blech legen.
7. Zuletzt ein Ei kurz mit einer Gabel schlagen und vor dem Backen mit einem kleinen Pinsel auf die Lebzelte streichen. Zum Verzieren können halbierte Mandeln verwendet werden.
8. Etwa 12 Minuten backen.

Tipp

Wenn man den Teig etwas ruhen lässt, bekommt er einen noch feineren Geschmack.

Damit die Lebzelten weich werden, 2 Apfelhälften in die Keksdose legen und 2 – 4 Wochen kühl stehen lassen.

Lebzelten mit Schokoladenglasur

Menge	Zutaten	Geschmack	Thermik
500 g	Dinkel, fein gemahlen	süss	neutral
300 g	Vollrohrzucker	süss	warm
2 EL	Honig	süss	warm
3	Eier	süss	neutral
1 Stk.	Zitronenschale, ger.	bitter, süss	warm
3 EL	Rum	scharf, süss, bitter	warm
3 TL	Lebkuchengewürz	süss, scharf	warm
85 g	Mandeln, grob gehackt	süss	neutral
85 g	Haselnüsse, grob gehackt	süss	neutral
50 g	Orangeat	süss, bitter	warm

Glasur

Menge	Zutaten	Geschmack	Thermik
100 g	Kakaoschokolade, hoch%ige	bitter	neutral
1? EL	Honig	süss	warm
20 g	Kokosfett	süss	neutral
150 g	Johannisbeerkonfitüre, rot	sauer, süss, adstringierend	kühl
1	Ei	süss	neutral
100 Stk.	Back-Oblaten, Rondellen 40mm Durchmesser	süss	neutral

Zubereitung

1. Backhofen auf 170°C vorheizen.
2. Die ganzen Eier mit dem Vollrohrzucker und Honig schaumig rühren.
3. Den fein gemahlenen Dinkel unterheben.
4. Nüsse, Orangeat, Zitronenschale, Rum und Lebkuchengewürz dazu geben und mit einem Knethaken zu einer festen Masse verarbeiten.
5. Mehl auf die Arbeitsfläche streuen und den Teig mit einer Dicke von ca. 3 – 5 mm darauf auswallen.
6. Ausstechformen ins Mehl tunken, damit der Teig nicht an dessen Rand haftet, und Kreise ausstechen.
7. Runde Back-Oblaten mit etwas Ei bestreichen und die Kreise darauf legen.
8. Ca. 12 Minuten backen.
9. Wenn die Lebzelten ausgekühlt sind, die säuerliche und kernfreie Marmelade erwärmen und dünn auf die Lebkuchen streichen.
10. Kakaoschokolade, Honig und Kokosfett erwärmen, auf die Lebzelten streichen, bis diese ganz von Schokolade umhüllt sind.

Tipp

Wenn man den Teig etwas ruhen lässt, bekommt er einen noch feineren Geschmack.
Zum Verzieren können halbierte Mandeln verwendet werden.
Mit Schokolade glacierte Lebkuchen unbedingt kühl lagern.
Damit die Lebzelten weich werden, 2 Apfelhälften in die Keksdose legen und 2 – 4 Wochen kühl stehen lassen.

Mandelbusserl

Menge	Zutaten	Geschmack	Thermik
4	Eiweiss	süss	kühl
180 g	Vollrohrzucker	süss	warm
200 g	Mandeln gerieben	süss	neutral
½ Stk.	Zitronenschale ger.	bitter, süss	warm
	Pinienkerne	süss	warm

Zubereitung

1. Eiweiss und Vollrohrzucker schaumig rühren.

2. Geriebene Mandeln und Zitronenschale vorsichtig darunter-mischen.

3. Mit zwei Löffeln kleine Busserl aufs Blech, das mit Keksbackpapier belegt ist, setzen.

4. Pinienkerne darüber streuen und bei 170°C 15 – 20 Minuten backen.

5. Herausnehmen und auskühlen lassen.

Tipp

Zur Dekoration können Pistazien, Mandeln oder Haselnüsse verwendet werden.

Nuss-Stangerl

Menge	Zutaten	Geschmack	Thermik
140 g	Vollrohrzucker	süss	warm
2	Eier	süss	neutral
200 g	Dinkelmehl	süss	warm
100 g	Haselnüsse ganz	süss	neutral

Zubereitung

1. Vollrohrzucker und die ganzen Eier miteinander in der Küchenmaschine schaumig rühren.
2. Dinkel mahlen und unter die schaumig gerührte Masse heben.
3. Haselnüsse dazugeben und vorsichtig darunter ziehen.
4. Auf ein eingefettetes Blech geben, ca. 1.5 cm dick und bei 200°C ca. 15 – 20 Minuten backen bis sie oben braun werden.
5. Noch heiss in 1 – 2 cm dicke Streifen schneiden und auskühlen lassen.

Tipp

Je länger die Eier mit dem Vollrohrzucker schaumig gerührt werden, desto besser und luftiger werden die Stangerl.
Die Stangerl etwas länger backen, damit sie ganz knusprig werden.
Zusätzlich kann Orangeat oder Zitronat in die Masse gegeben werden. Zur Abwechslung mit Anis würzen.

Nusstaler

Menge	Zutaten	Geschmack	Thermik
200 g	Haselnüsse, fein ger.	süss	neutral
200 g	Vollrohrzucker	süss	warm
1	Ei	süss	neutral
Guss			
50 g	Vollrohzucker	süss	warm
1	Eigelb	süss	neutral
100 Stk.	Back-Oblaten-Rondellen 40mm Durchmesser	süss	neutral

Zubereitung

1. Bachofen auf 135°C vorheizen.

2. Ei, Haselnüsse und Vollrohrzucker mit dem Knethaken zu einer festen Masse verrühren.

3. Backpapier aufs Blech legen, Back-Oblaten darauf verteilen und mit Hilfe von 2 kleinen Löffeln kleine Häufchen auf die Back-Oblaten setzen.

4. Einen Esslöffel mit Wasser benetzen und aus den Häufchen Taler drücken.

5. Eigelb und Vollrohrzucker schaumig rühren und auf die Taler streichen.

6. Bei 135°C ca. 15 Minuten backen, herausnehmen.

Pignolikipferl

Menge	Zutaten	Geschmack	Thermik
220 g	Mandeln, fein gem.	süss	neutral
100 g	Dinkel, fein gemahlen	süss	neutral
250 g	Vollrohrzucker	süss	warm
2	Eiweiss	süss	kühl
1 TL	ger. Vanille-Stängel (Rapunzel)	süss	neutral
300 g	Pinienkerne (Pignoli)	süss, bitter, scharf	neutral

Zubereitung

1. Eiweiss und Vollrohrzucker schaumig schlagen.
2. Vanille unters Mehl rühren und zusammen mit den Mandeln unter das Zucker-Ei-Gemisch heben.
3. Pinienkerne in einen Teller geben.
4. Löffelweise die Pignolikipferl-Masse auf die Pinienkerne geben, leicht andrücken und auf das mit Backpapier ausge-kleidete Blech legen, wo man sie zu einem Kipferl formt.
5. Bei 150°C ca. 15 Minuten goldbraun backen

Tipp

Die Hände zum Formen der Hörnchen in Mehl tauchen.

Rumkugeln

Menge	Zutaten	Geschmack	Thermik
200 g	Kokosfett	süss	neutral
100 g	Vollrohrzucker	süss	warm
250 g	Kokosraspel	süss	neutral
1	Ei	süss	neutral
10 Stk.	Feigen, getrocknet	süss	neutral
100 g	Rosinen	süss, sauer	neutral
10 g	Kakao	bitter	warm
$\frac{1}{16}$ l	Rum	bitter, süss, scharf	warm
150 g	Kokosraspel	süss	neutral

Zubereitung

1. Feigen mit dem Fleischwolf zerkleinern oder von Hand klein schneiden.
2. Alle Zutaten in die Knetschüssel geben.
3. Mit dem Knethaken zu einer homogenen Masse rühren.
4. Kleine Bällchen formen und im Kokosraspel wälzen.
5. In kleine Konfektförmchen legen und kühlstellen.

Tipp

Die Rumkugeln können auch in Schokoraspel oder Kakaopulver gewendet werden.

Rumschnitten

Menge	Zutaten	Geschmack	Thermik
4	Eigelb	süss	neutral
120 g	Vollrohrzucker	süss	warm
2 EL	Rum	bitter, süss, scharf	warm
100 g	Dinkel, fein gemahlen	süss	neutral
4	Eiweiss		

Tunke			
100 ml	Wasser	neutral	kühl
3 EL	Rum	bitter, süss, scharf	warm

Glasur			
150 g	Kakaoschokolade, hoch%ige	bitter	warm
6 – 8 EL	Honig	süss	neutral
60 g	Kokosfett	süss	neutral
300 g	Kokosraspel, nicht zu fein	süss	neutral

Zubereitung

1. Backhofen auf 180°C vorheizen.
2. Eigelb, Vollrohrzucker und Rum schaumig rühren.
3. Eiweiss zu steifem Schnee schlagen und zusammen mit dem Mehl unter die Ei-Zucker-Masse heben.
4. Backpapier aufs Blech legen und die Masse in einer Dicke von ca. 1,5 cm grossflächig daraufstreichen.
5. Bei 180°C ca. 20 Minuten goldbraun backen, herausnehmen und noch warm in daumengrosse Schnitten schneiden.
6. Rum und Wasser mischen und damit die Schnitten beträufeln.
7. Schokolade, Kokosfett und Honig schmelzen und die Schnitten hineintauchen.
8. Sofort in eine Schale mit Kokosraspeln legen und leicht darin andrücken.
9. Herausnehmen in den Kühlschrank stellen.

Tipp

Unbedingt kühl servieren.

Sauerkirsche / Weichsel im Schokokleid

Menge	Zutaten	Geschmack	Thermik
1 Glas	Sauerkirschen	sauer, süss	kühl
40 g	Kakaoschokolade, hoch%ige	bitter	neutral
3 TL	Honig	süss	neutral
10 g	Kokosfett	süss	neutral
20 g	Pinienkerne	süss, scharf, bitter	warm

Zubereitung

1. Sauerkirschen durch ein Sieb abtropfen lassen, den Saft zum Trinken beiseite stellen.
2. Alle Sauerkirschen mit je einem Pinienkern füllen.
3. Kakaoschokolade und Kokosfett miteinander verschmelzen lassen und den Honig einrühren.

4. Sauerkirschen einzeln auf eine Stricknadel aufspiessen und in die Schokosauce eintauchen.
5. Sorgfältig in kleine Konfektförmchen geben und im Kühlschrank hart werden lassen.

Tipp

Wenn man's gern süss hat: der Schokosauce einen weiteren TL Honig beigeben.

Trüff

Menge	Zutaten	Geschmack	Thermik
300 g	Marronenpuree, Vermicelles	süss	warm
½ Stk.	Orangenschale, ger.	süss, bitter	warm
4 EL	Grand Marnier	süss, scharf	warm
Aussen			
4 EL	Pistazien, gehackt	süss, bitter, sauer	neutral
4 EL	Kokosraspel	süss	neutral
2 EL	Orangenschale, ger.	süss, bitter	warm
Oder			
300 g	Marronenpuree, Vermicelles	süss	warm
4 EL	Amaretto	süss, bitter, scharf	warm
Aussen			
2 EL	Kakao	süss, bitter	warm
4 EL	Mandelsplitter	süss	neutral

Zubereitung

1. Maronenpuree mit sämtlichen Zutaten verrühren.
2. Zu kleinen Bällchen formen und in den jeweiligen Zutaten für das Äussere wälzen.
3. In kleine Konfektförmchen geben.

Aprikosenkuchen

Menge	Zutaten	Geschmack	Thermik
4	Eigelb	süss	neutral
3-4 EL	Olivenöl	süss	neutral
1 EL	Rum	süss, bitter	warm
1 EL	Wasser	neutral	kühl
100 g	Vollrohrzucker	süss	warm
1 TL	ger. Vanille-Stängel (Rapunzel)	süss	neutral
2 EL	Kakao	bitter	warm
100 g	Dinkel, fein gemahlen	süss	warm
4	Eiweiss	süss	kühl
300 g	Aprikosen	süss	warm

Zubereitung

1. Eigelb, Olivenöl, Rum, Wasser und Vollrohrzucker 30 Minuten mit der Küchenmaschine schaumig rühren.
2. Vanille, Kakao und Dinkel vermengen und unter die schaumig gerührte Masse mischen.
3. Eiweiss steif schlagen und vorsichtig unter die Masse heben.
4. In eine Tortenform füllen und mit halbierten Aprikosen belegen.
5. Anschliessend 40 – 45 Minuten bei 180°C im Heissluft-Ofen backen.

Tipp

Für ein Kuchenblech wird die doppelte Menge benötigt.

Aprikosenwähe

Menge	Zutaten	Geschmack	Thermik
300 g	Dinkel-Kuchenteig	süss	kühl
7 Stk.	Aprikosen	süss, sauer	warm
50 g	Haselnüsse, gemahlen	süss	neutral
50 g	Rosinen	süss, sauer	neutral
30 g	Pinienkerne	süss, scharf, bitter	warm
3	Eier	süss	neutral
35 g	Vollrohrzucker	süss	warm
1 TL	ger. Vanille-Stängel (Rapunzel)	süss	neutral

Zubereitung

1. Den Backofen auf 200°C vorheizen
2. Dinkel-Kuchenteig in eine flache Form legen und die gemahlenen Haselnüsse daraufstreuen.
3. Halbierte Aprikosen auf die Nüsse legen, Rosinen darüberstreuen.
4. Eier, Vollrohrzucker und Vanille-Stängel kurz schlagen und über den Kuchen giessen.
5. Pinienkerne darüberstreuen
6. Den Kuchen während ca. 35 – 40 Minuten bei 200°C im Ofen backen.
7. Herausnehmen und auskühlen lassen.

Tipp

Anstelle von Dinkel-Kuchenteig kann auch ein Dinkel-Blätterteig verwendet werden.
Anstelle von Aprikosen können auch Pfirsiche, Zwetschgen, Birnen oder Äpfel verwendet werden.

Birnenkuchen

Menge	Zutaten	Geschmack	Thermik
4	Eigelb	süss	neutral
140 g	Vollrohrzucker	süss	warm
10 EL / 90 g	Olivenöl	süss	neutral
4 EL	Rum	süss, bitter	warm
140 g	Haselnüsse, gerieben	süss	neutral
2 TL	ger. Vanille-Stängel (Rapunzel)	süss	neutral
2 EL	Kakao	bitter	warm
3 Stk.	Birnen	süss, sauer	kühl
4	Eiweiss	süss	kühl

Zubereitung

1. Eier trennen.
2. Eigelb Vollrohrzucker, Olivenöl und Rum mit der Küchenmaschine 30 Minuten schaumig rühren.
3. Birnen schälen und der Länge nach in Schnitze schneiden.
4. Haselnüsse reiben und mit Vanille und Kakao mischen.
5. Eiweiss zu Schnee schlagen.
6. Haselnussgemisch mit wenig Eischnee unter die Ei-Zucker-Masse rühren. Restlicher Eischnee unter die Masse heben.
7. Masse gleichmässig auf ein mit Backpapier belegtes Blech verteilen und mit Birnenschnitzen belegen.
8. Im vorgeheizten Ofen bei 180°C ca. 40 Minuten backen.
9. Vom Blech nehmen und noch warm in Stücke schneiden.

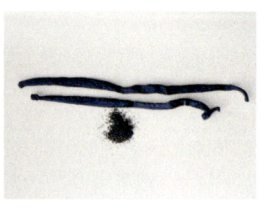

Dattel-Pistazien Kuchen

Menge	Zutaten	Geschmack	Thermik
4	Eigelb	süss	neutral
140 g	Vollrohrzucker	süss	warm
2 EL	Rum	bitter, süss	warm
100 g	Datteln	süss	warm
140 g	Mandeln	süss	neutral
100 g	Orangeat	bitter	warm
4	Eiweiss	süss	kühl
einige	Pistazien	süss, bitter	neutral

Zubereitung

1. Eigelb und Vollrohrzucker 30 Minuten mit der Küchenmaschine schaumig rühren.

2. Datteln in sehr kleine Stücke schneiden und mit Orangeat und Rum mischen.

3. Mandeln reiben.

4. Mandeln und Dattelmischung in die Eigelb-Zuckermasse rühren.

5. Eiweiss steif schlagen und unter die Masse heben.

6. In eine gefettete, bemehlte Tortenform oder Kuchenform geben, mit Pistazien bestreuen und bei 180°C 40 Minuten im Ofen backen.

Haselnuss-Blitzkuchen

Menge	Zutaten	Geschmack	Thermik
4	Eier	süss	neutral
140 g	Vollrohrzucker	süss	warm
1 EL	Rum	bitter, süss	warm
150 g	Haselnüsse	süss	neutral
½ TL	ger. Vanille-Stängel (Rapunzel)	süss	neutral
½	Zitronenschale ger.	bitter, süss	warm
Füllung			
100 g	Brombeeren	süss	neutral
150 g	Vollrohrzucker	süss	warm
1 TL	ger. Vanille-Stängel (Rapunzel)	süss	neutral
2	Eiweiss	süss	kühl

Zubereitung

1. 4 Eigelb und 2 Eiweiss, Vollrohrzucker und Rum 30 Minuten mit der Küchenmaschine schaumig rühren.

2. Haselnüsse reiben, mit Vanille und geriebener Zitronenschale in die Ei-Zuckermasse einrühren und in die gefettete und gemehlte Tortenform giessen.

3. Bei 180°C im Heissluftofen ca. 50 Minuten backen. Der Kuchen bekommt in der Mitte eine Vertiefung.

Füllung

4. Brombeeren, Vollrohrzucker und Vanille mischen.

5. Eiweiss zu Schnee schlagen und unter die Brombeermasse heben. ·

6. Auf den Kuchen geben und nochmals bei 180°C im Ofen backen bis der Schnee leicht braun wird.

Kokosnusskuchen

Menge	Zutaten	Geschmack	Thermik
4	Eigelb	süss	neutral
200 g	Vollrohrzucker	süss	warm
50 ml	Rum	bitter, süss, scharf	warm
220 g	Kokosraspel	süss	kühl
110 g	Vollreis	süss	neutral
110 g	Cashewnüsse, gem.	süss	neutral
1 Stk.	Zitrone, nur Schale, ger.	bitter, sauer	kühl
¼ TL	Kardamom, gemahlen	scharf	warm
¼ TL	Zimt	scharf, süss	heiss
1 Prise	Nelken, gemahlen	scharf	warm
½ Stk.	Zitrone, nur Saft	sauer	kühl
4	Eiweiss	süss	kühl

Zubereitung

1. Backofen auf 180°C vorheizen.
2. Eigelb mit Vollrohrzucker und Rum schaumig rühren.
3. Vollreis zu feinem Mehl mahlen.
4. Kokosraspel, Reismehl, Cashewkerne und Gewürze zusammenmischen und in die Masse einrühren.
5. Zitronensaft untermengen.
6. Das Eiweiss steif schlagen und vorsichtig darunterheben.
7. Die Kuchenform mit Backpapier auslegen und die Masse hineingiessen.
8. 30 Minuten backen.

Nusskuchen

Menge	Zutaten	Geschmack	Thermik
2	Eigelb	süss	neutral
200 g	Vollrohrzucker	süss	warm
140 g	Dinkel, fein gemahlen	süss	neutral
100 ml	Olivenöl	süss	neutral
2	Eiweiss	süss	kühl
⅛ l	Schwarztee	bitter	kühl
120 g	Haselnüsse, fein ger.	süss	neutral
1 TL	ger. Vanille-Stängel (Rapunzel)	süss	neutral

Zubereitung

1. Eigelb, Vollrohrzucker, Olivenöl und Tee mit der Küchenmaschine schaumig rühren.

2. Mehl, Haselnüsse und Vanille dazugeben und erneut rühren.

3. Eiweiss zu steifem Schnee schlagen und vorsichtig unter die etwas flüssige Masse heben.

4. Kuchenform mit Backpapier auslegen und die Masse hineingiessen.

5. Bei 175°C 45 Minuten backen.

Tipp

Anstelle von Haselnüssen können auch andere Nüsse, z.B. Mandeln, beigegeben werden. Je nach Belieben kann man den Nusskuchen auch im Nachhinein mit z.B. Aprikosen- oder Johannisbeerkonfitüre füllen.

Roter Johannisbeerkuchen

Menge	Zutaten	Geschmack	Thermik
320 g	Dinkel fein gemahlen	süss	warm
80 g	Vollrohrzucker	süss	warm
120 g	Margarine	süss	neutral
5	Eigelb	süss	neutral
100 g	geriebene Mandeln	süss	neutral
Guss			
5	Eiweiss	süss	kühl
200 g	Vollrohrzucker	süss	warm
300 g	Rote Johannisbeeren	sauer	kühl

Zubereitung

1. Dinkelmehl, Vollrohrzucker, Margarine und Eigelb in eine Schüssel geben und einen Teig daraus kneten.

2. Tortenform mit dem Teig auslegen und einen Rand hochziehen (der Boden soll dicker sein als der Rand). Den Boden mit der Gabel einstechen (damit er beim Backen nicht Blasen wirft), etwa 15 Minuten bei Mittelhitze 180°C nicht zu dunkel backen.

3. Vollständig auskühlen lassen.

4. Boden mit geriebenen Mandeln bestreuen.

5. Eiweiss zu steifem Schnee schlagen.

6. Vollrohrzucker und Johannisbeeren zusammenmischen.

7. Vorsichtig unter den Schnee heben.

8. Diese Masse auf den Kuchenboden verteilen und noch einmal für 25 Minuten bei 180°C in den Heissluft-Ofen schieben bis die Füllung schön gebräunt ist.

Zwetschgen-Streuselkuchen

Menge	Zutaten	Geschmack	Thermik
500 g	Dinkelblätterteig	süss	warm
150 g	Haselnüsse gerieben	süss	neutral
1200 g	Zwetschgen	süss, sauer	neutral
160 g	Dinkel, fein gemahlen	süss	warm
150 g	Vollrohrzucker	süss	warm
120 g	Margarine	süss	warm

Zubereitung

1. Dinkelblätterteig ausrollen, auf ein Blech legen und mit geriebenen Haselnüssen bestreuen.

2. Zwetschgen halbieren, entkernen und mit der Schale nach unten auf den Blätterteig legen.

3. Mehl mit Vollrohrzucker vermischen. Margarine bei niedriger Temperatur im Topf schmelzen. Unter ständigem Rühren das Mehl-Vollrohrzucker-Gemisch in die Margarine einstreuen bis die Masse bröselig wird. Dann über die Zwetschgen streuen.

4. 20 Minuten bei 220° C im Heissluftofen backen.

Buchweizentorte

Menge	Zutaten	Geschmack	Thermik
160 g	Vollrohrzucker	süss	warm
6	Eigelb	süss	neutral
20 EL / 200 g	Olivenöl	süss	neutral
200 g	Buchweizenmehl	süss	neutral
200 g	Mandeln gerieben	süss	neutral
1 TL	ger. Vanille-Stängel (Rapunzel)	süss	neutral
8	Eiweiss	süss	kühl
1 Prise	Salz	salzig	kalt

Füllung

100 ml	Johannisbeer-Konfitüre	sauer, süss	kühl

Glasur

180 g	Milchfreie-Kochschokolade	bitter	warm
100 g	Kokosfett	süss	neutral

Zubereitung

1. Vollrohrzucker, Eigelb und Olivenöl 30 – 40 Minuten schaumig rühren.
2. Buchweizenmehl, geriebene Mandeln und Vanille zusammenmischen und zur Schaum-Masse geben.
3. Eiweiss mit einer Prise Salz sehr fest schlagen und vorsichtig unter die Masse heben.
4. In eine gefettete Tortenform (Durchmesser ca. 23 cm) geben und bei 180°C 50 Minuten backen.
5. Torte aus der Form nehmen und auskühlen lassen.
6. Mit einem Messer in der Mitte ein- oder zweimal durchschneiden.
7. Mit Johannisbeer-Konfitüre bestreichen.
8. Schokolade mit dem Kokosfett im Wasserbad schmelzen. Die Glasur kurz auskühlen lassen und auf die Torte streichen.
9. Kühl stellen und die Glasur hart werden lassen.

Kirschtorte

Menge	Zutaten	Geschmack	Thermik
100 g	Vollrohrzucker	süss	warm
4	Eigelb	süss	neutral
6 – 7 EL	Olivenöl	süss	neutral
2 – 3 EL	Kirschschnaps	süss, scharf	warm
100 g	Haselnüsse	süss	neutral
4	Eiweiss	süss	kühl
200 g	Kirschen	süss	warm
50 g	Pinienkerne	süss	warm

Zubereitung

1. Vollrohrzucker, Eigelb, Olivenöl und Kirschschnaps zusammen in eine Schüssel geben und 30 Minuten mit der Küchenmaschine schaumig rühren.
2. Haselnüsse reiben und in die Ei-Zuckermasse einrühren.
2. Das steif geschlagene Eiweiss vorsichtig unter die Masse heben.
3. Masse in eine gefettete und bemehlte Tortenform geben.
4. Kirschen darauf verteilen.
5. Pinienkerne darüber streuen.
6. Im Backofen bei 180°C 45 Minuten backen.

Tipp

Die Torte schmeckt auch vorzüglich mit Himbeeren.

Linzertorte

Menge	Zutaten	Geschmack	Thermik
280 g	Margarine	süss	neutral
140 g	Vollrohrzucker	süss	warm
2	Eigelb	süss	neutral
1 EL	Rum	bitter, süss	warm
300 g	Dinkelmehl	süss	warm
140 g	Mandeln	süss	neutral
60 g	Kochschokolade ohne Milch, gerieben	bitter	warm
½ Stk.	Zitronenschale ger.	bitter, süss	warm
½ Msp.	Nelkenpulver	scharf	warm
1 Prise	Salz	salzig	kalt

Füllung

Menge	Zutaten	Geschmack	Thermik
100 ml	rote Johannisbeer-Konfitüre	süss, sauer	kühl

Zubereitung

1. Margarine mit Vollrohrzucker, Eigelb, Rum zusammenrühren.
2. Die restlichen Zutaten beigeben und ca. 5 Minuten in der Küchenmaschine kneten.
3. Wichtig: genau so viel Mehl beigeben bis sich die Masse vom Knethaken und dem Rand der Schüssel löst.
4. Teig für 15 Minuten kühl stellen.
5. ⅔ der Teigmasse werden in eine Tortenform (Durchmesser ca. 23 cm) gelegt. Rand etwas hochziehen. Die rote Johannisbeerkonfitüre wird auf den Tortenboden gestrichen.
6. Aus dem restlichen Teig formt man nun lange Teigschnüre, die wie ein Gitter über die Konfitüre gelegt werden.
7. Den Kuchen bei 180°C Heissluft 40 Minuten im Ofen backen

Marronitorte

Menge	Zutaten	Geschmack	Thermik
80 g	Vollrohrzucker	süss	warm
4	Eigelb	süss	neutral
2 EL	Rum	süss, bitter	warm
200 g	Marronimus (Vermicelles)	süss	warm
40 g	Mandeln gerieben	süss	neutral
2 TL	Kakao	süss	kühl
2 TL	Kaffee fein gemahlen	bitter	warm
4	Eiweiss	süss	kühl
Füllung			
150 ml	rote Johannisbeer-Konfitüre	sauer, süss	kühl
Glasur			
100 g	Margarine oder Kokosfett	süss	neutral
180 g	Kochschokolade	bitter	warm

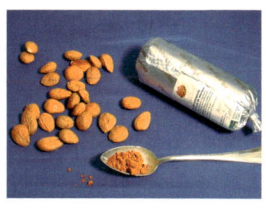

Zubereitung

1. Vollrohrzucker, Eigelb und Rum zusammen in eine Schüssel geben und während 30 – 40 Minuten schaumig rühren.
2. Marronimus, geriebene Mandeln, Kakao und Kaffee unter die Schaum-Masse rühren.
3. Eiweiss zu steifem Schnee schlagen und vorsichtig unter die Masse heben.
4. In eine gefettete, bemehlte Tortenform (Durchmesser ca. 23 cm) füllen und bei 180°C Heissluft 40-45 Minuten backen.
5. Torte aus dem Backofen nehmen und auskühlen lassen.
6. Mit einem Messer die Torte in zwei Hälften schneiden und die untere Hälfte mit roter Johannisbeer-Konfitüre bestreichen. Die Oberseite wieder darauflegen.
7. Glasur: Margarine oder Kokosfett und Kochschokolade im Wasserbad schmelzen und verrühren. Etwas auskühlen lassen.
8. Glasur auf die Torte streichen.
9. Vor dem Servieren kühl stellen.

Tipp

Vermicelles mit Vollrohrzucker hergestellt ist in Reformhäusern oder im Grabemärt Luzern erhältlich.

Mohntorte

Menge	Zutaten	Geschmack	Thermik
8	Eigelb	süss	neutral
10 EL / 100 g	Olivenöl	süss	neutral
200 g	Vollrohrzucker	süss	warm
200 g	Mohn gemahlen	süss	neutral
200 g	Mandeln gerieben	süss	neutral
etwas	Piment	scharf	heiss
etwas	Vanille	süss	neutral
1 Stk.	Zitronenschale ger.	bitter, süss	warm
½ Stk.	Zitronensaft	sauer	kühl
10	Eiweiss	süss	kühl
Glasur			
100 g	Kokosfett	süss	neutral
180 g	Kochschokolade	bitter	warm

Zubereitung

1. Eigelb, Olivenöl und Vollrohrzucker miteinander schaumig rühren.

2. Mohn, Mandeln, Gewürze und Zitronensaft zusammenmischen und unter die Schaum-Masse rühren.

3. Eiweiss steif schlagen und vorsichtig unter die Masse heben.

4. In eine gefettete, bemehlte Tortenform füllen (Durchmesser ca. 23 cm) und bei 180°C Heissluft ca. 45 Minuten backen.

5. Herausnehmen und ein Tuch darüber geben, dann fällt sie nicht so leicht zusammen.

6. Glasur: Kokosfett und Schokolade im Wasserbad schmelzen und verrühren.

7. Glasur auskühlen lassen, die Torte damit bestreichen und kühlstellen.

Nougattorte

Menge	Zutaten	Geschmack	Thermik
4	Eigelb	süss	neutral
200 g	Vollrohrzucker	süss	warm
4 EL / 40 g	Olivenöl	süss	neutral
1 EL	Rum	bitter, süss	warm
80 g	Dinkel		
	sehr fein gemahlen	süss	warm
4 EL	Kakao	bitter	warm
1 TL	Vanille	süss	neutral
5	Eiweiss	süss	kühl
Füllung			
100 ml	Johannisbeerkonfitüre	süss, sauer	kühl
Glasur			
100 g	Kokosfett	süss	neutral
180 g	Kochschokolade	bitter, süss	warm

Zubereitung

1. Eigelb, Vollrohrzucker, Olivenöl und Rum 30-40 Minuten schaumig rühren.

2. Dinkel, Kakao, Vanille zusammenmischen und unter die Schaum-Masse rühren.

3. Eiweiss steif schlagen und vorsichtig unter die Masse heben.

4. In eine gefettete, bemehlte Form füllen und bei 180°C 45 Minuten backen.

5. Wenn die Torte ausgekühlt ist, schneidet man sie in der Mitte flach durch und bestreicht den Tortenboden mit Johannisbeerkonfitüre.

6. Glasur: Kokosfett und Schokolade im Wasserbad schmelzen und verrühren, 3 Minuten auskühlen lassen. Die Torte damit bestreichen und kühlstellen.

7. Torte leicht gekühlt servieren.

Schnelle Nusstorte

Menge	Zutaten	Geschmack	Thermik
200 g	Vollrohrzucker	süss	warm
6	Eigelb	süss	neutral
2 EL	Rum	bitter, süss	warm
½ Stk.	Zitrone, nur Saft	sauer	kühl
1 TL	ger. Vanille-Stängel (Rapunzel)	süss	neutral
240 g	Haselnüsse, fein ger.	süss	neutral
6	Eiweiss	süss	kühl
Füllung			
150 ml	Aprikosenkonfitüre	süss, sauer	kühl
Glasur			
180 g	Kakaoschokolade, hoch%ige	bitter	neutral
50 g	Kokosfett	süss	neutral
1 EL	Honig	süss	neutral

Zubereitung

1. Eigelb, Vollrohrzucker, Vanille, Rum und Zitronensaft schaumig rühren.
2. Das Eiklar zu steifem Schnee schlagen und abwechselnd mit den Nüssen unter die Masse heben.
3. In eine mit Backpapier ausgelegte runde Tortenform geben.
4. Bei 175°C im Ofen ca. 45 Minuten backen.

5. Herausnehmen, auskühlen lassen, in zwei Hälften schneiden, die untere mit Aprikosenkonfitüre bestreichen, den Deckel wieder darauflegen.

6. Kakaoschokolade, Honig und Kokosfett schmelzen lassen und die Torte damit überziehen.

Tipp

Anstelle von Aprikosen- kann auch Johannisbeerkonfitüre verwendet werden.

Aprikosen- oder Erdbeercrème mit Seidentofu

Menge	Zutaten	Geschmack	Thermik
250 g	Aprikosen oder	süss, sauer	warm
	Erdbeeren	süss, sauer	kühl
100 ml	Ahornsirup	süss	warm
1 TL	ger. Vanille-Stängel	süss	neutral
	(Rapunzel)		
200 g	Seidentofu	süss	kühl

Zubereitung

1. Aprikosen oder Erdbeeren klein schneiden.
2. Alle Zutaten mit dem Mixstab pürieren.
3. Je nach Süsse der Früchte kann mehr oder weniger Ahornsirup verwendet werden.
4. Kühl servieren.

Tipp

Mit einem Pfefferminzblatt oder Früchten dekorieren.

Birne im Schlafrock

Menge	Zutaten	Geschmack	Thermik
200 g	Seidentofu	süss	kühl
1 TL	ger. Vanille-Stängel (Rapunzel)	süss	neutral
2 EL	Kakao	bitter	warm
100 ml	Ahornsirup	süss	warm
2 Stk.	Birnen	süss, sauer	kühl
	Pfefferminzblätter	scharf, bitter	kühl

Zubereitung

1. Alle Zutaten zusammen in einen Behälter geben und mit einem Pürierstab zu einer sämigen Creme verarbeiten.

2. Birnen halbieren oder achteln, auf Dessertteller anrichten und mit Schokocreme übergiessen.

3. Kühlstellen.

4. Nach Belieben mit einem Pfefferminzblatt garniert servieren.

Tipp

Anstelle von Kakao kann auch Carob verwendet werden. Anstelle von Birnen eignen sich auch frische Aprikosen oder Pfirsiche, die auch in Form von Kompott verwendet werden können.

Birne mit Haselnusstofu-Creme

Menge	Zutaten	Geschmack	Thermik
200 g	Seidentofu	süss	kühl
½ TL	ger. Vanille-Stängel (Rapunzel)	süss	neutral
3 EL	Haselnussmus	süss	neutral
1 EL	Kakao	bitter	neutral
100 ml	Ahornsirup	süss	warm
4 Stk.	kleine Birnen	süss, sauer	kühl

Zubereitung

1. Alle Zutaten zusammen in ein Litermass geben und mit dem Pürierstab cremig mixen.
2. Birnen in Streifen schneiden, auf Desserttellern anrichten und mit Haselnusstofu-Creme übergiessen.
3. Kühl servieren.

Brombeercrème mit Seidentofu

Menge	Zutaten	Geschmack	Thermik
250 g	Brombeeren	süss	neutral
200 g	Seidentofu	süss	kühl
1 TL	ger. Vanille-Stängel (Rapunzel)	süss	neutral
100 ml	Ahornsirup	süss	warm

Zubereitung

1. Brombeeren, Seidentofu, Vanille und Ahornsirup mit dem Mixstab pürieren.
2. Kühl servieren.

Tipp

Mit Früchten oder Blüten dekorieren.

Erdbeer- oder Aprikosencrème mit Seidentofu

Menge	Zutaten	Geschmack	Thermik
250 g	Erdbeeren oder	süss, sauer	kühl
	Aprikosen	süss, sauer	warm
100 ml	Ahornsirup	süss	warm
1 TL	ger. Vanille-Stängel	süss	neutral
	(Rapunzel)		
200 g	Seidentofu	süss	kühl

Zubereitung

1. Erdbeeren oder Aprikosen klein schneiden.
2. Alle Zutaten mit dem Mixstab pürieren.
3. Je nach Süsse der Früchte kann mehr oder weniger Ahornsirup verwendet werden.
4. Kühl servieren.

Tipp
Mit einem Pfefferminzblatt oder Früchten dekorieren.

Haselnusstofu-Creme

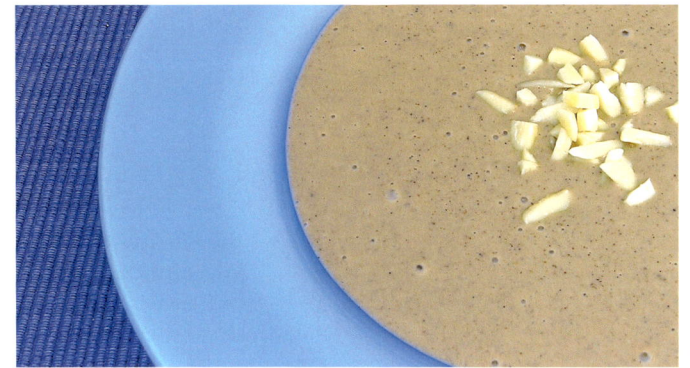

Menge	Zutaten	Geschmack	Thermik
200 g	Seidentofu	süss	kühl
½ TL	ger. Vanille-Stängel (Rapunzel)	süss	neutral
3 EL	Haselnussmus	süss	neutral
1 EL	Kakao	bitter	neutral
100 ml	Ahornsirup	süss	warm

Zubereitung

1. Alle Zutaten zusammen in ein Litermass geben und mit dem Pürierstab cremig mixen.

2. Kühl servieren.

Heidelbeercrème mit Seidentofu

Menge	Zutaten	Geschmack	Thermik
250 g	Heidelbeeren	süss, sauer	kühl
200 g	Seidentofu	süss	kühl
1 TL	ger. Vanille-Stängel (Rapunzel)	süss	neutral
100 ml	Ahornsirup	süss	warm

Zubereitung

1. Heidelbeeren zusammen mit den übrigen Zutaten mit dem Stabmixer pürieren.

2. Je nach Süsse der Heidelbeeren kann mehr oder weniger Ahornsirup verwendet werden.

3. Mit ganzen Beeren garnieren und kühl servieren.

Tipp

Wenn möglich Waldheidelbeeren verwenden, da diese in der therapeutischen Wirkung und im Geschmack intensiver als die Gartenheidelbeeren sind.

Himbeercrème mit Seidentofu

Menge	Zutaten	Geschmack	Thermik
250 g	Himbeeren	süss, sauer	neutral
100 ml	Ahornsirup	süss	warm
1 TL	ger. Vanille-Stängel (Rapunzel)	süss	neutral
200 g	Seidentofu	süss	kühl

Zubereitung

1. Die Himbeeren zusammen mit Ahornsirup, Vanille und Seidentofu mit dem Stabmixer pürieren.

2. Anrichten und kühl servieren.

Schokoladetofu-Creme

Menge	Zutaten	Geschmack	Thermik
200 g	Seidentofu	süss	kühl
1 TL	ger. Vanille-Stängel (Rapunzel)	süss	neutral
2 EL	Kakao	bitter	warm
100 ml	Ahornsirup	süss	warm
	Frische Pfefferminz-blätter	scharf, bitter	kühl

Zubereitung

1. Alle Zutaten zusammen in ein Litermass geben und mit einem Pürierstab zu einer sämigen Creme verarbeiten.
2. Gekühlt und mit einem Pfefferminzblatt garniert servieren.

Tipp

Anstelle von Kakao kann auch Carob verwendet werden. Hervorragend schmeckt etwas gehackte, schwarze hoch%ige Kakaoschokolade unter die Creme gemischt.

Vanilletofu-Creme

Menge	Zutaten	Geschmack	Thermik
200 g	Seidentofu	süss	kühl
1 TL	ger. Vanille-Stängel (Rapunzel)	süss	neutral
1	Eigelb	süss	kühl
100 ml	Ahornsirup	süss	warm

Zubereitung

1. Alle Zutaten zusammen in ein Litermass geben und mit dem Pürierstab cremig mixen.
2. Kühl servieren.

Tipp

Köstlich schmeckt die Vanilletofu-Creme kombiniert mit frischen Waldbeeren.

Zabaione / Weinschaumcreme

Menge	Zutaten	Geschmack	Thermik
4	Eigelb	süss	kühl
4 EL	Vollrohrucker	süss	warm
50 ml	Marsalawein	süss	warm

Zubereitung

1. Die Eigelb mit dem Vollrohzucker im Wasserbad schlagen, bis eine feste Creme entsteht.
2. Den Marsalawein beigeben und weiter im Wasserbad dick und schaumig schlagen.
3. In Sekt- oder andere Schalen bzw. Gläser füllen und sofort servieren.

Tipp

Köstlich schmeckt die Weinschaumcreme auch kombiniert mit frischen Garten- oder Walderdbeeren.
Anstatt Marsalawein kann auch Amaretto, Sherry oder Prosecco verwendet werden.
Ein Zuckerrand verleiht dem Ganzen eine besonders edle Note.

Ananas-Reis

Menge	Zutaten	Geschmack	Thermik
1 Tasse	Süssreis	süss	warm
2 Tassen	Wasser	neutral	kühl
½ TL	Salz	salzig	kalt
1 Stk.	Ananas	süss, sauer	neutral
3 EL	Vollrohrzucker	süss	warm
½ TL	ger. Vanille-Stängel (Rapunzel)	süss	neutral

Zubereitung

1. Süssreis anrösten, mit Wasser aufgiessen, salzen, kurz aufkochen lassen und zugedeckt bei niedriger Temperatur 45 Minuten quellen lassen.

2. Ananas unter dem Ansatz der Blätter aufschneiden und aushöhlen.

3. Fruchtfleisch in kleine Stücke schneiden und mit dem gekochten Süssreis, Vollrohrzucker und Vanille mischen.

4. Alles zusammen wieder in die Ananas füllen und bei 180°C 1 Stunde im Ofen backen.

5. Beim Servieren kann nach Belieben mit Vollrohrzucker oder Ahornsirup nachgesüsst werden.

Tipp

Eignet sich auch als Beilage zu Fleischgerichten. Dann weniger Vollrohrzucker verwenden und mit Ingwer würzen.
Es kann auch Basmatireis verwendet werden.

Apfelstrudel

Menge	Zutaten	Geschmack	Thermik
300 g	Dinkelblätterteig	süss	neutral
650 g	Äpfel, ca. 5 Stk.	süss, sauer	kühl
50 g	Vollrohrzucker	süss	warm
1 TL	ger. Vanille-Stängel (Rapunzel)	süss	neutral
2 TL	Zimt	scharf	warm
50 g	Rosinen	süss, sauer	neutral
150 g	Haselnüsse	süss	neutral
½ Stk.	Zitrone, Saft	sauer	kühl
5 EL	Olivenöl	süss	neutral
30 g	Dinkel, fein gemahlen	süss	neutral

Zubereitung

1. Dinkelmehl auf die Arbeitsfläche streuen, den Dinkelblätterteig darauf legen und dünn auswallen.
2. Den ausgewallten Teig auf 2 Blätter Backpapier legen.
3. Die geriebenen Haselnüsse darauf streuen.
4. Des weiteren verteilt man erst die feinblättrig aufgeschnittenen Äpfel, dann den Vollrohrzucker, die Rosinen, Zimt darauf und träufelt den Zitronensaft und das Olivenöl darüber.
5. Sorgfältig einrollen und mit Olivenöl bestreichen.
6. Den Apfelstrudel auf ein Backblech ziehen und im vorgeheizten Ofen ca. 35 Minuten backen, bis er goldbraun und knusprig ist.
7. In Stücke schneiden und lauwarm servieren.

Tipp

Um einen noch goldeneren Farbton zu erzielen, kann man den Apfelstrudel auch anstelle von Olivenöl mit einem zerquirlten Ei bestreichen.

Wenn die Äpfel sehr süss sind, mehr Zitronensaft beigeben.

Der Apfelstrudel kann auch mit einer Sojamilch-Vanille-Sauce serviert werden.

Bratapfel

Menge	Zutaten	Geschmack	Thermik
4 Stk.	Äpfel	süss, sauer	kühl
80 g	Haselnüsse, gerieben	süss	neutral
2 El	Rum	scharf, bitter, süss	warm
2 TL	Kakao	sitter, süss	neutral
2 Tl	Bio-Orangenschale, gerieben	süss, bitter	warm
2 EL	Olivenöl	süss	neutral
2 TL	Pinienkerne	scharf	warm

Zubereitung

1. Kerngehäuse ausstechen.

2. Haselnüsse fein reiben.

3. Rum, Kakao, Orangenschale und Olivenöl mit den Haselnüssen vermischen.

4. Masse in die Äpfel füllen und die Pinienkerne darauf setzen.

5. Im auf 180°C vorgeheizten Backofen 15 – 20 Minuten braten.

Buchweizenomeletten

Menge	Zutaten	Geschmack	Thermik
100 g	Buchweizen	süss	neutral
2	Eier	süss	neutral
1 TL	Salz	salzig	kalt
150 ml	Wasser	neutral	kühl
	Olivenöl	süss	neutral

Zubereitung

1. Buchweizen fein mahlen.
2. Mit Eier, Salz und Wasser zu einem glatten, flüssigen Teig verrühren.
3. In einer Pfanne mit etwas Olivenöl auf beiden Seiten goldgelb backen.
4. Mit Konfitüre bestreichen und einrollen.

Tipp

Anstelle Buchweizen kann fein gemahlener Dinkel verwendet werden.

Dazu passt

Kompott, Apfelmus.

Cappuccino mit Sojamilch

Menge	Zutaten	Geschmack	Thermik
1 Tasse	Sojamilch mit Vanille	süss	neutral
1	Espresso	bitter	warm
1 Prise	Kakao (ungesüsst)	bitter	warm
1 TL	Vollrohrzucker	süss	warm

Zubereitung

1. Sojamilch erwärmen und mit einem Schneebesen oder Milchschaumschläger aufschäumen.
2. Espresso in eine Kaffeetasse geben, die geschäumte Soja-milch darauf giessen und die Schaumkrone mit Kakao und Vollrohrzucker bestreuen.

Dazu passt

Kuchen, Torten, Kekse.

Frische Erdbeeren mit Pfeffer und Vanille

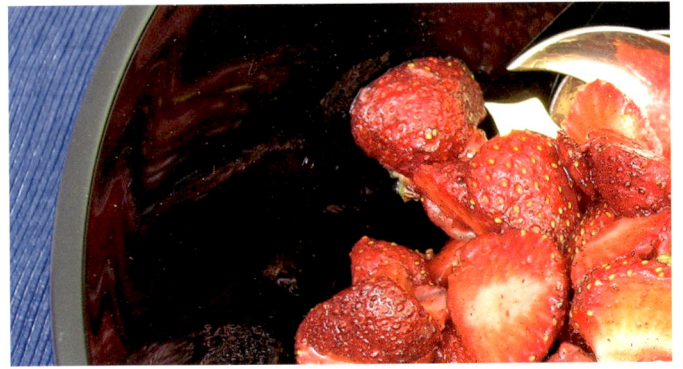

Menge	Zutaten	Geschmack	Thermik
400 g	frische Erdbeeren	süss	neutral
2 – 3 EL	Vollrohrzucker	süss	warm
3 Umdreh.	Pfeffer	scharf	heiss
1 TL	ger. Vanille-Stängel (Rapunzel)	süss	neutral
	frische Pfefferminz-blätter	scharf, bitter	kühl

Zubereitung

1. Erdbeeren waschen und schneiden.
2. Vanille, Pfeffer und Vollrohrzucker darunter mischen.
3. Mit Pfefferminzblättern garniert servieren.

Fruchtmark mit Agar-Agar / Konfitüre

Menge	Zutaten	Geschmack	Thermik
1 kg	Früchte	süss, sauer	neutral
½ kg	Vollrohrzucker	süss	warm
1 Stk.	Zitrone, nur Saft	sauer	kühl
1½ TL	Agar-Agar	süss	kühl
1 EL	Wasser	neutral	kühl

Zubereitung

1. Früchte waschen, entkernen, zerkleinern und zusammen mit dem Vollrohrzucker aufkochen. Von Zeit zu Zeit umrühren. Die Früchte ca. 10-20 Minuten kochen bis sie weich sind. Die Früchte mit dem Mixstab pürieren.

2. In der Zwischenzeit Gläser und Deckel bereitstellen.

3. Zitrone auspressen, mit Agar-Agar und etwas Wasser glatt rühren. Das Agar-Agar-Gemisch unter ständigem Rühren in das Fruchtmus mischen. Das Ganze nochmals 1 – 2 Minuten aufkochen lassen.

4. Beim Abfüllen einen Silberlöffel in das Einmachglas stellen (leitet die Hitze ab und verhindert, dass die Gläser springen).

5. Gläser schnell verschliessen.

Tipp

Die hier verwendeten Mengenangaben gelten für alle anderen Konfitüren auch.
Die Vollrohrzuckermenge kann nach Säuregehalt der Früchte variieren.

Holunder-Strauben

Menge	Zutaten	Geschmack	Thermik
8 – 12	Holunderblüten		
100 g	Buchweizen, fein gem.	süss, bitter	neutral
2	Eigelb	süss	neutral
50 ml	Sojamilch oder Wasser	süss	kühl
1 Prise	Salz	salzig	kalt
2	Eiweiss	süss	kühl
Etwas	Olivenöl zum Backen	süss	neutral
Etwas	Vollrohrzucker	süss	warm
Etwas	Zimt	scharf, süss	heiss

Zubereitung

1. Buchweizen, Eigelb, Sojamilch und eine Prise Salz miteinander vermengen.

2. Eiweiss zu steifem Schnee schlagen und vorsichtig unter die Buchweizenmasse heben.

3. Die Holunderblüten in den Teig tauchen und in einer Pfanne mit erhitztem Olivenöl goldbraun braten.

4. Auf einem Teller anrichten, mit Zimt und Vollrohrzucker bestreuen und noch heiss servieren.

Tipp

Anstelle von Buchweizen kann auch Dinkelmehl verwendet werden.

Die Strauben können auch in einem Bierteig gebacken werden. Um einen Bierteig herzustellen, verwendet man anstelle von Sojamilch Bier und gibt Dinkelmehl dazu.

Anstelle Sojamilch kann auch eine Getreidemilch, Ziegenmilch oder Mandelmilch verwendet werden.

Anstelle von Holunderblüten können Apfelringe oder Glyzinienblüten verwendet werden.

Kaiserschmarrn

Menge	Zutaten	Geschmack	Thermik
6	Eigelb	süss	neutral
200 ml	Sojamilch	süss	neutral
150 g	Dinkel, fein gemahlen	süss	warm
50 g	Rosinen	süss, sauer	neutral
½ EL	Salz	salzig	kalt
	Olivenöl zum Anbraten	süss	neutral

Zubereitung

1. Eigelb, Sojamilch, Dinkelmehl, Salz und Rosinen zusammen-mischen.

2. Eiweiss zu steifem Schnee schlagen und unter die Masse heben.

3. In erhitztes Olivenöl giessen und eine Seite anbraten, dann wenden und die zweite Seite anbraten.

4. Den Fladen mit zwei Gabeln in kleine Stückchen reissen

5. Warm servieren und mit Vollrohrzucker bestreuen.

Tipp

Dazu passt Zwetschgenröster, Apfel- oder Quittenmus oder ein beliebiges Kompott. Anstelle von Sojamilch kann jede Art von Getreidemilch verwendet werden.

Kletzenbrot

Menge	Zutaten	Geschmack	Thermik
300 g	Kletzen (=gedörrte Birnen)	süss	
300 g	Dörrpflaumen	süss	
200 g	Feigen, getrocknet	süss	
200 g	Rosinen	süss	
100 g	Haselnüsse	süss	neutral
100 g	Walnüsse	süss, bitter	neutral
100 g	Mandeln	süss	neutral
50 g	Orangeat, klein geschnitten	scharf, bitter,	warm, süss
50 g	Zitronat, klein geschnitten	scharf, bitter, süss, sauer	warm
1 TL	Zimt	scharf, süss	warm
1/2 TL	Nelkenpulver	scharf	warm
1 TL	Anis, Samen	scharf	warm
2 EL	Rum	bitter, süss, scharf	warm
2 EL	Zitronensaft	sauer	kühl
2 EL	Honig	süss	warm

Brotteig

Menge	Zutaten	Geschmack	Thermik
½ kg	Roggen, fein gemahlen	süss	neutral
½ Tasse	Sauerteig	sauer	neutral
½ kg	Dinkel, fein gemahlen	süss	neutral
½ EL	Wasser, lauwarm	neutral	kühl
2 TL	Salz	salzig	kalt
200 ml	Wasser, lauwarm	neutral	kühl

Sauerteig	Sauerteigkultur / Starter		
100 g	Roggenmehl fein, frisch gem.	süss	neutral
100 g	Roggenschrot, frisch gem .	süss	neutral
1 Prise	Kümmel zu Pulver, frisch gem .	scharf	warm
250 l	Wasser	neutral	kühl

Zubereitung

1. Kletzen in Wasser weich kochen.

2. Dörrpflaumen und Feigen ca. 3 Stunden in warmem Wasser einlegen, bis sie weich und saftig sind.

3. Die nunmehr weichen Früchte in kleine Stücke schneiden und mit den restlichen Zutaten vermischen.

4. Zugedeckt über Nacht stehen lassen.

5. Noch am Abend des selben Tages mit dem Vorteig beginnen, damit der Brotteig am Morgen fertiggestellt und mit den Früchten weiterverarbeitet werden kann.

6. Den Brotteig mit den Früchten vermischen, gut durchkneten, 3 – 4 kleine Wecken formen und 2 – 3 Stunden stehen lassen.

7. Bei bei 160 – 180°C 1 Stunde backen.

Brotteig
Vorteig

1. Roggenmehl mit dem Sauerteig und dem Wasser vermischen und über Nacht stehen lassen.

2. Am nächsten Tag Dinkelmehl, Salz und Wasser beigeben, gut durchkneten und ca. 2 Stunden gehen lassen.

3. Ca. 300 g davon mit den Früchten vermischen.

Sauerteigkultur / Starter

Alle Zutaten zu einem Brei verrühren und 3 Tage bei Zimmertemperatur in einem Glas halb voll stehen lassen. Den Deckel nur lose auflegen. Sobald die Sauerteigkultur süss-säuerlich schmeckt und es zu einer starken Bläschenbildung kommt ist diese zum Weiterverarbeiten bereit oder kann bis zur Weiterverarbeitung in den Kühlschrank gestellt werden.

Tipp

Je nach Geschmack kann man mehr oder weniger Brotteig zu den Früchten geben.
Aus dem restlichen Brotteig kann man herrliche Brötchen backen. Früchte und Nüsse können nach Belieben variiert werden, solange die Verhältnisse beibehalten werden (Beispiel: insgesamt 300 g Nüsse, davon 50 g Haselnüsse, 100 g Mandeln und 150 g Walnüsse).

Orangen-Feigen-Dessert

Menge	Zutaten	Geschmack	Thermik
4 Stk.	Orangen, frisch	süss, sauer	kühl
4 Stk.	Feigen, getrocknet	süss	neutral
20 g	Pinienkerne	süss	neutral

Zubereitung

1. Die Orangen schälen, in Scheiben schneiden und auf Teller oder in einer Schüssel anrichten.
2. Die Feigen ebenfalls sehr dünn aufschneiden und über die Orangen geben.
3. Pinienkerne darüber streuen.

Tipp

Anstelle von Pinienkernen geröstete Mandelstifte verwenden.
Das fruchtige Orangen-Dessert kann mit Soja-Rahm serviert werden.

Salzburger Nockerl

Menge	Zutaten	Geschmack	Thermik
10	Eiweiss	süss	kühl
6 EL	Vollrohrzucker	süss	warm
1 TL	Salz	salzig	kalt
1 TL	ger. Vanille-Stängel (Rapunzel)	süss	neutral
6	Eigelb	süss	neutral
70 g	Dinkel, fein gemahlen	süss	neutral

Zubereitung

1. Eiweiss, Vollrohrzucker, Salz zu steifem Schnee schlagen.

2. Eigelb, Vanille und Mehl unterheben.

3. Eine Form einfetten, den Boden mit Preiselbeerkonfitüre bestreichen und die luftige Masse in Form von 3 grossen Nockerl hineinsetzen.

4. Bei 200°C 20 Minuten backen, der Backofen darf unterdessen nicht geöffnet werden.

5. Aus dem Ofen nehmen und sofort servieren.

Tipp

Sofort servieren. Ja nicht auskühlen lassen, da sonst die Nockerl in sich zusammenfallen.

Anstelle von Preiselbeerkonfitüre kann auch rote Johannisbeerkonfitüre verwendet werden.

Ziegenfrischkäse
mit Honig überbacken

Menge	Zutaten	Geschmack	Thermik
2 Stk.	Ziegenfrischkäse, rund	süss	neutral
1 Bund	Pfefferminze	scharf, bitter	kühl
4 TL	Honig	süss	neutral

Zubereitung

1. Ziegenfrischkäse in der Mitte durchschneiden, sodass zwei gleich grosse Scheiben entstehen.
2. Auf kleine ofenfeste Dessertteller verteilen und in der Mitte je einen Teelöffel Honig draufgeben.
3. Bei 210°C im Ofen ca. 5 – 10 Minuten überbacken bis der Honig schön zerlaufen ist.
4. Herausnehmen und mit mehreren frischen Pfefferminzblättern garnieren.

Tipp

Dazu empfiehlt sich ein Glas Eiswein (die Trauben werden im Dezember bei Minusgraden geerntet, dadurch hat der Wein einen sehr hohen Öchslegehalt und schmeckt sehr süss) kühl serviert.

Zwetschgenknödel

Menge	Zutaten	Geschmack	Thermik
Ca. 15 Stk.	Zwetschgen	süss, sauer	neutral
Brandteig			
120 g	Dinkel, fein gemahlt	süss	neutral
1	Eigelb	süss	neutral
150 ml	Wasser	neutral	kühl
1½ EL	Olivenöl	süss	neutral
1 Prise	Salz	salzig	kalt
Nussbett			
140 g	Haselnüsse	süss	neutral
2 EL	Vollrohrzucker	süss	warm
½ EL	Zimt	scharf, süss	warm

Zubereitung

1. Wasser, Olivenöl und eine Prise Salz in einen Kochtopf geben, verrühren und zum Kochen bringen.

2. Dann sofort mit einem Kochlöffel schnell und fest das Mehl einrühren, bis ein glatter Teig entsteht.

3. Noch einige Minuten bei niedriger Temperatur rühren, anschliessend abkühlen lassen.

4. Die Hälfte vom Eigelb in den Teig einrühren und den Teig 15 Minuten ruhen lassen.

5. Zu einer Rolle formen und immer 1 – 2 cm breite Scheiben mit einem Durchmesser von etwa 4 cm, je nach Zwetschgengrösse, abschneiden, Zwetschge hineindrücken und mit demselben Teig umhüllen, bis sie ganz umschlossen ist.

6. Für das Nussbett werden die Haselnüsse gerieben und ohne Fett angeröstet, etwas Vollrohrzucker und Zimt darunter mischen, in eine Schüssel geben.

7. Knödel in heissem Salzwasser sieden, wenn die Knödel hochsteigen, mit dem Schöpfsieb aus dem Wasser heben, in das Nussbett legen und noch warm servieren.

Tipp

Anstelle von Zwetschgen können auch Marillen/Aprikosen verwendet werden.

Zwetschgenröster

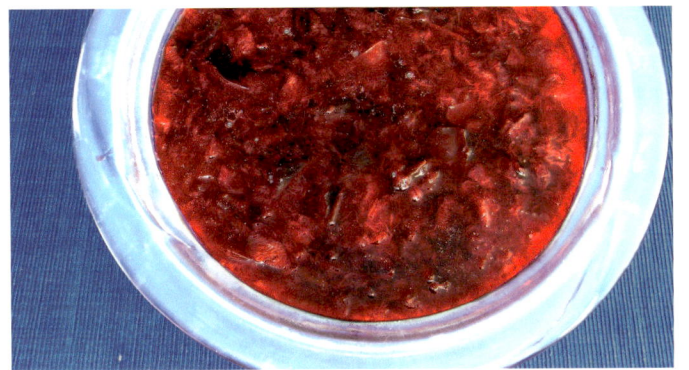

Menge	Zutaten	Geschmack	Thermik
1 kg	Zwetschgen, frische	süss, sauer	neutral
1 Stk.	Zimtstange	scharf, süss	heiss
140 – 280 g	Vollrohrzucker, je nach Süsse der Zwetschgen	süss	warm
50 ml	Wasser	neutral	kühl
2	Gewürznelken	scharf	warm

Zubereitung

1. Zwetschgen waschen, halbieren und entkernen.

2. Zwetschgen, Zimtstange, Wasser und Gewürznelken in einen Topf geben und leicht köcheln lassen.

3. Nach 40 Minuten vom Herd nehmen und kühl servieren.

Tipp

Schmeckt ausgezeichnet zu Kaiserschmarrn.
Kann auch als Nachspeise kühl serviert werden.
Anstatt Vollrohrzucker kann auch Honig verwendet werden.

Rezepte nach Wirkungen

Qi tonisieren

Ananas-Reis	65
Anisbögerl	5
Anisstangerl	6
Aprikosenwähe	33
Birne mit Haselnusstofu-Creme	56
Buchweizenomeletten	69
Buchweizentorte	42
Butterbrote	8
Fruchtmark mit Agar-Agar / Konfitüre	72
Haferflockenbusserl	14
Haselnusstofu-Creme	59
Hausfreunde	16
Kokosnusskuchen	38
Linzertorte	45
Mandelbusserl	23
Mohntorte	49
Nougattorte	50
Nusskuchen	39
Nuss-Stangerl	24
Nusstaler	25
Pignolikipferl	26
Roter Johannisbeerkuchen	45
Schnelle Nusstorte	52
Trüff	31
Zwetschgenknödel	81
Zwetschgen-Streusselkuchen	41

Yin tonisieren

Apfelstrudel	66
Aprikosencreme mit Seidentofu	54
Aprikosenmakronen	7
Aprikosenwähe	33
Birne im Schlafrock	55
Birne mit Haselnusstofu-Creme	56
Birnenkuchen	34
Bratapfel	68
Buchweizentorte	42
Butterbrote	8
Erdbeercreme mit Seidentofu	54
Frische Erdbeeren mit Pfeffer und Vanille	71

Fruchtmark mit Agar-Agar / Konfitüre 72
Fruchtschnitten 10
Gefüllter Lebkuchen 12
Haferflockenbusserl 14
Haselnusstofu-Creme 59
Hausfreunde 16
Himbeercreme mit Seidentofu 61
Kaiserschmarrn 75
Kokosbusserl 18
Lebzelten 19
Lebzelten mit Schokoladenglasur 21
Linzertorte 45
Mandelbusserl 23
Marronitorte 47
Mohntorte 49
Nougattorte 50
Nusskuchen 39
Orangen-Feigen-Dessert 78
Pignolikipferl 26
Rumkugeln 27
Rumschnitten 28
Salzburger Nockerl 79
Sauerkirsche / Weichsel im Schokokleid 30
Schokoladetofu-Creme 62
Trüff 31
Vanilletofu-Creme 63
Ziegenfrischkäse mit Honig überbacken 80
Zwetschgenknödel 81
Zwetschgen-Streusselkuchen 41

Blut tonisieren

Apfelstrudel 66
Aprikosencreme mit Seidentofu 54
Aprikosenkuchen 32
Aprikosenmakronen 7
Aprikosenwähe 33
Birnenkuchen 34
Bratapfel 68
Brombeercreme mit Seidentofu 57
Buchweizenomeletten 69
Dattel-Pistazien Kuchen 35
Erdbeercreme mit Seidentofu 58
Fruchtschnitten 10
Haselnuss-Blitzkuchen 36

Hausfreunde 16
Heidelbeercreme mit Seidentofu 60
Kaiserschmarrn 75
Kirschtorte 44
Marronitorte 47
Nuss-Stangerl 24
Nusstaler 25
Rumkugeln 27
Rumschnitten 28
Salzburger Nockerl 79
Sauerkirsche / Weichsel im Schokokleid 30
Schnelle Nusstorte 52
Vanilletofu-Creme 63
Zabaione / Weinschaumcreme 64
Zwetschgenknödel 81

Jing tonisieren

Brombeercreme mit Seidentofu 57
Haselnuss-Blitzkuchen 36
Heidelbeercreme mit Seidentofu 60
Himbeercreme mit Seidentofu 61
Roter Johannisbeerkuchen 45
Trüff 31

Yang tonisieren

Ziegenfrischkäse mit Honig überbacken 79

Nässe ausleiten

Ananas-Reis 65
Aprikosencreme mit Seidentofu 54
Cappuccino mit Sojamilch 70
Erdbeercreme mit Seidentofu 54
Kaiserschmarrn 75
Kletzenbrot 76
Sauerkirsche / Weichsel im Schokokleid 30

Mitte wärmen

Anisbögerl 5
Anisstangerl 6
Butterbrote 8
Gefüllter Lebkuchen 12
Haferflockenbusserl 14
Kletzenbrot 76

Kokosnusskuchen   38
Lebzelten   19
Lebzelten mit Schokoladenglasur   21
Zwetschgenröster   83

Darm befeuchten

Kletzenbrot   76
Orangen-Feigen-Dessert   77
Rumkugeln   27

Wind-Hitze eliminieren

Holunder-Strauben   73

Qi bewegen

Cappuccino mit Sojamilch   70
Zwetschgenknödel   81
Zwetschgenröster   83

Nahrungsretention auflösen

Ananas-Reis   65

Wind unterdrücken

Kokosnusskuchen   38

Wind-Kälte-Nässe ausleiten

Kirschtorte   44

Hitze eliminieren

Birne im Schlafrock   55
Birne mit Haselnusstofu-Creme   56
Haselnusstofu-Creme   59
Schokoladetofu-Creme   62
Vanilletofu-Creme   63

EssenZ
aus der Küche

Ein Kochbuch mit 148 Rezepten und
260 farbigen Fotos für die wertvolle
und schnelle Küche

Bestellungen unter
www.heilpraktikerschule.ch
oder über unser Sekretariat
Telefon +41(0)41 418 20 10

EssenZ aus der Küche,
3. Auflage, Ulrike Zalokar,
ISBN 3-033-00228-5

Kosten: CHF 35.-, zzgl. Porto

- Eine Rezeptsammlung unter Berücksichtigung alter Diätweisheiten
  der Chinesischen Medizin und der neusten wissenschaftlichen
  Ernährungsforschung (z.B. Ernährungspyramide nach W. Willett)

- Vorspeisen, Suppen, Salate, Fisch und Fleisch, Gemüse, Getreide
  sowie Hülsenfrüchte und Süssspeisen. Bei allen sind die therapeutischen Wirkungen aufgeführt

- Wertvolle und schnelle Küche leicht gemacht

Neben der Tätigkeit in der naturheilkundlichen Praxis sowie der Leitung der Heilpraktikerschule Luzern
kocht die Autorin Ulrike Zalokar täglich leidenschaftlich und kreativ für zahlreiche Mitarbeiter, Fami-
lienmitglieder und Freunde. Es reichen ihr 40 Minuten, um ein mehrgängiges Menü für 8 Personen
auf einem schön dekorierten Tisch zu servieren. Die Rezepte sind äusserst schmackhaft sowie auf die
knappe Zeit vieler Köchinnen und Köche abgestimmt. Sie gehen auf die individuellen Bedürfnisse wie
Yin-, Yang-, Qi- und Blut-Mangel und Qi-Stagnation etc. ein.

© Heilpraktikerschule HPS GmbH I Gesegnetmattstrasse 14 I CH-6006 Luzern I www.heilpraktikerschule.ch